TÚ

MW01268145

SER FELIZ

de <u>MARCO NISIDA</u>

Técnicas para Vivir Feliz, Alegre, Motivado, Positivo y Entusiasta, Descubrir Tu Auténtica Esencia Interior, Encontrar Tu Verdadero Propósito en la Vida y Realizar Tus Sueños de Felicidad.

ÍNDICE TEMÁTICO

INTRODUCCIÓN

Deseo sinceramente que seas feliz

Tú mereces ser feliz! Tú puedes realizar todos tus sueños. Eres un universo único, lleno de emociones, pensamientos, sensaciones, deseos, sueños, aspiraciones, que sólo espera tu permiso para liberarse. Miedos e inseguridades pueden limitar fuertemente tu felicidad, porque te alejan de tus auténticos sueños y propósitos.

En este libro voy a enseñarte las técnicas que he utilizado para transformar el dolor existencial de mi infancia y adolescencia en un asombroso poder personal durante mi vida de joven adulto. Una transformación existencial que me ha permitido vivir emociones maravillosas, aventuras fantásticas y realizar mis sueños de felicidad.

Es posible que en algún momento de tu vida, tal vez en este mismo momento, hayas sentido algo parecido a una tristeza estructural, un vacío existencial, una falta de sentido, una ausencia de verdadera felicidad. En este libro intentaré acompañarte por un camino de comprensión profunda de temas existenciales y de estrategias concretas para que puedas transformar tu vida en una obra de arte.

Además podrás mirar varios vídeos que he preparado para profundizar los temas tratados. Para mirar los vídeos será suficiente hacer clic en las fotos con el icono del vídeo.

Si tras leer todo el libro quisieras que te ayudara personalmente a generar estos cambios que siempre has deseado para transformar tu existencia, identificar tu autentico propósito en la vida y realizar tus sueños de felicidad a nivel personal y profesional, podrías reservar una sesión estratégica inicial por medio de mi página web en www.marconisida.com .

Antes de empezar, déjame agradecerte por tu gentil atención y permíteme desearte toda la felicidad y la alegría que ciertamente mereces.

Nota 1: Perdona mi pobre español, ya que al ser italiano habré cometido muchas fallas a nivel gramatical y estilístico.

Nota 2: Amiga lectora, he utilizado la terminación en -o (al masculino) exclusivamente por comodidad literaria.

ERES UN UNIVERSO MARAVILLOSO

Eres un universo único, lleno de emociones, sensaciones, pensamientos, deseos, sueños, ideas y talentos que necesita tu propio permiso para expresarse y desarrollarse.

Por lo menos una vez en tu vida te habrás preguntado: "¿quién soy?, ¿cuál es el sentido de mi vida?, ¿cuál es mi propósito?, ¿soy feliz?, ¿qué quiero hacer con mi vida?".

Cada uno intenta responder lo mejor que puede. Desde un punto de vista pragmático me gusta pensar que la existencia sea un camino hacia la felicidad, el amor, la paz y la armonía, por medio del desarrollo de nuestras capacidades humanas.

En extrema síntesis, has nacido para explorar tu humanidad, vivir aventuras emocionantes, desarrollar nuevas habilidades, amar con generosidad y realizar tus sueños de felicidad. Por lo tanto, sin importar tu pasado, estoy seguro de que mereces ser feliz y de que, aunque no lo creas, eres un universo maravilloso que sólo espera manifestarse.

Si no tienes suficiente confianza en ti mismo puede que, durante tu infancia o adolescencia, tu familia o tu entorno socio-cultural te hayan bombardeado de pensamientos y emociones limitantes sobre ti mismo y el mundo.

Por ejemplo, si alguien de tu familia o en tu escuela te estuvo diciendo: "¡eres tonto!, ¡eres estúpido!, ¡haces todo mal!, ¡no vas a lograrlo!", tu mente de niño adolescente casi ciertamente absorbió estas mentiras aceptándolas como verdades. ¡Pero no son la verdad!

La sincera y única verdad es que tú puedes realizar tus sueños de felicidad. Tú puedes alcanzar todas las metas que te propongas y vivir una existencia feliz y llena de significado.

LA IMPORTANCIA DE UN PROPÓSITO AUTÉNTICO

Me encanta pronunciar la palabra propósito porque cuando un hombre o una mujer tiene un propósito claro en la vida y desea realizarlo con toda su alma, entonces acontece el milagro. Todo su ser, su mente, su corazón y su cuerpo se unifican para emprender el camino emocionante hacia la realización de ese propósito, que tiene el poder de mejorar su existencia y cambiar la vida de enteras comunidades.

Cuando miras a los ojos de alguien inspirado por un propósito que le permite existir auténticamente, experimentar, crecer, contribuir, emocionarse, entonces puedes reconocer un brillo especial y percibir un magnetismo particular en su mirada. Se trata de la chispa de la vida.

Quien vive para seguir sus auténticas inclinaciones y se atreve a luchar para realizar sus auténticos sueños, se siente inspirado, poderoso, alegre, feliz, bendecido. El acto de estar caminando hacia una meta tan soñada y tan deseada, hace que el camino sea placentero, alegre y emocionante, sin importar las dificultades o los sacrificios a superar.

VIVE SEGÚN TUS AUTÉNTICOS DESEOS

Vivir según nuestra verdadera y auténtica esencia interior libera todo nuestro poder personal y nos permite volar por encima de la mediocridad, de la rutina y de la tristeza del mecanicismo. De hecho, la única forma de sentirse realmente feliz, completo, satisfecho y en armonía es vivir según nuestra auténtica y única esencia interior.

Vivir siguiendo nuestros más sinceros deseos y más auténticas aspiraciones, nos hace superar cualquier obstáculo porque nuestro subconsciente nos premia por tanto valor con una mejor autoestima y con renovada energía.

Cuando elegimos comprar sueños de otros o cuando vivimos existencias mecánicas, ficticias e inauténticas, es muy fácil llegar a detestar nuestra existencia porque nos sentimos vacíos, sin importancia y sin alegría, y obviamente con baja autoestima. Nadie puede sentirse realmente feliz al conseguir sueños que no le pertenecen.

Para poder identificar nuestros auténticos sueños, deseos y propósitos, es necesario antes descubrir nuestra auténtica esencia interna y a la vez rechazar el rol inauténtico que hemos venido actuando como autómatas.

(VÍDEO: http://www.youtube.com/watch?v=R9Y2I5MhzUI)

TODO ES POSIBLE

Desde el momento de tu creación y durante toda tu vida, la sociedad (que rodea tu existencia) ha intentado enseñarte la "verdad". Una verdad tan oficial, dominante y absoluta, que probablemente habrás aceptado sin hacer muchas preguntas. Tal vez, tu mente te haya simplemente sugerido que si la gran mayoría de personas piensa de una determinada manera, pues tú también tenías que conformarte, porque una sola persona no puede ir en contra de miles de otras.

Es normal que tu mente haya pensado así. De hecho el pensamiento conformista es una prehistórica estrategia de sobrevivencia, ya que en aquellos tiempos quedarse fuera del "grupo" o de la tribu significaba muerte cierta. El único problema es que esta estrategia ya no es actual y no funciona en un mundo moderno e individualista, más bien limita el potencial de la gran mayoría de las personas que quisieran despegar el vuelo hacia una vida mejor, pero no lo hacen por miedo al ser juzgados, discriminados, marginados por una sociedad que, pero, ya no te ofrece ninguna ayuda concreta.

Solemos pensar que los procesos históricos sean graduales y fruto de poblaciones enteras que evolucionan juntos a sus "verdades". En realidad, los cambios históricos son muy rápidos y en muchos casos impulsados por una sola persona que destruye la verdad anterior y crea una nueva verdad.

Cómo se habrá sentido Galileo Galilei cuando, único en todo el mundo, afirmó a cuesta de su propia vida que el sol no giraba alrededor de la tierra? Se habrá creído loco cuando todo el mundo, los mayores expertos y la clase dominante, lo ridiculizaron porque la única y aceptada verdad dictaba que la tierra girase al centro del universo? Qué habría pasado con nuestra modernidad y nuestras libertades si Galileo, entre otros, se hubiese sometido al pensamiento único y dominante, aceptando la "absurda y equivocada" verdad de su época?

HISTORIA INSPIRADORA 1

Albert Einstein no habló hasta los 4 años y no empezó a leer hasta los 7. Sus profesores lo tachaban de "lento" y "discapacitado psíquico". Lo que pasaba era que Einstein tenía una forma totalmente distinta de pensar. Tras creer y luchar para realizar su propósito, logró ganar el premio Nobel de física y es considerado uno de los grandes innovadores de todos los tiempos. Seguro que ahora se estará riendo de la ignorancia de sus profesores :) Así que no te dejes limitar por nada y por nadie y mantente firme en tu propósito.

TÚ PUEDES REALIZAR TUS SUEÑOS

Podría hacerte infinitos ejemplos de individuos que, solos, han cambiado y revolucionado el mundo. Qué tienen en común estos hombres? Eran hombres que, inspirados y guiados por un sueño o un propósito, se empeñaron en encontrar su propia verdad y en el proceso lograron superar los límites de su época y demostrar a sus contemporáneos que lo imposible en realidad podía ser posible.

Todos esos hombres fracasaron innumerables veces antes de triunfar; se mantuvieron firmes en sus propósitos a pesar de la frustración, de las críticas ajenas y de todas las adversidades; en cambio de resignarse y abandonarse a la desesperación, siguieron creyendo, luchando, intentando hasta el triunfo definitivo.

Yo creo en ti y sé que puedes triunfar si te mantienes firme en tu propósito. No importa lo que digan los demás. Si antes de emprender el camino hacia la realización de tu propósito te comprometes a mantenerte firme en él sin rendirte antes los fracasos y los obstáculos, si decides que seguirás luchando en el momento en que las fuerzas y la esperanza parecerán abandonarte, entonces el triunfo estará asegurado. El triunfo es algo que puedes decidir antes de comenzar el camino y lo decides aceptando que no habrá fracaso, sólo habrá otro intento más hacia un triunfo cierto.

HISTORIA INSPIRADORA 2

Sabías que la escritora de la famosa saga de "Harry Potter" empezó a escribir cuando sólo era una madre soltera que sobrevivía con el poco dinero que le pasaba el estado porque estaba desempleada? Sabías que el manuscrito de su primer capítulo de Harry Potter fue rechazado una y otra vez por varios grupos editoriales que afirmaron: "este libro es demasiado largo para los niños", "es imposible hacer dinero con los libros para niños". Ella resistió y siguió creyendo y luchando hasta conseguir, tras innumerables fracasos, la venta de más de 400 millones de libros y la venta de derechos de autor para la creación de 8 películas de gran éxito. Lo mismo podría pasar con tu vida y tus sueños ... ¡piénsalo!

BUSCA TU PROPIA VERDAD

Sinceramente, no te pido que descubras un nuevo planeta ni que inventes una nueva forma de energía renovable, pero te invito a que consideres la oportunidad de empezar a buscar tu propia y auténtica verdad existencial. Me encantaría que pudieras identificar tus sueños más auténticos y que intentaras realizarlos sin importar la aprobación de los demás.

La mayoría de las personas se sienten atrapadas en vidas que no les pertenecen y siguen viviendo roles y comprando sueños diseñados por otros. Y hacen todo esto para recibir aprobación social o familiar, porque están sumamente condicionados desde la infancia a seguir las "indicaciones e imposiciones" del entorno social o familiar. La cosa increíble es que los "otros", considerados individualmente, son también individuos que se dejan condicionar por los demás, con el resultado que no se logra comprender "quién" inventó la verdad oficial y "por qué" deberían seguirla sin hacer preguntas.

Los "otros" son simplemente hermanos y hermanas que también tienen miedo de sentirse marginados por la misma sociedad, y que, sin querer, se transforman en censores y denigradores de los modernos "Galileos".

LA FELICIDAD DE SER TÚ MISMO

Ahora te digo un secreto que aprendí con la dura experiencia de mi vida: "las personas exitosas buscan sus propias verdades y emprenden sus propios caminos, superando el miedo a la exclusión y revolucionando los límites preexistentes". Ahora, mi pregunta para ti es: quien crees sea más feliz y satisfecho, una persona viviendo una existencia mecánica que sigue un camino dibujado por otros, o una persona que ha descubierto sus verdaderos propósitos en la vida y que vive para realizar sus auténticos sueños?

Y de nada vale que tus familiares o amigos te sigan repitiendo que, a cambio de tu complacencia, la sociedad se encargará de darte la felicidad que mereces, porque hoy en día los gobiernos de los estados en los cuales vivimos no se encargan ni siquiera de darte un mínimo de salud, trabajo o un techo, imagínate si de felicidad...

Por lo tanto, tú puedes decidir si dominar tu vida o dejar que la vida te domine; puedes decidir si realizar tus sueños auténticos o seguir comprando sueños anónimos que no te pertenecen. Esta es la única diferencia entre el éxito y el fracaso. Qué eliges?

TU PROPÓSITO PUEDE MEJORAR EL MUNDO

Si hombres como Mandela, Gandhi, Galilei, hubiesen aceptado las supuestas verdades de los demás, no podríamos disfrutar de muchas libertades. Estos fantásticos seres humanos tuvieron el valor de superar más obstáculos y más críticas de las que tú y yo podríamos tal vez nunca imaginar.

Nelson Mandela pasó 27 años en la cárcel por luchar para los derechos de igualdad y libertad de todo un pueblo. Tuvo que aguantar un dolor existencial interminable pero al fin consiguió la realización de su propósito de igualdad para todo su pueblo y sigue siendo un ejemplo de libertad para todo el mundo. Llegó a ser presidente de Sudáfrica y logró realizar su inmenso propósito gracias a su fortaleza mental: "La mayor gloria no es nunca caer, sino levantarse siempre".

Como ves, la verdad pertenece sólo a quien tiene el valor de demostrarla. Si tú crees en tu propósito, entonces el mundo terminará creyendo en él también.

La mayoría de las personas vive como ovejas, limitándose el uno a la otra, sin saber el por qué. Todas tienen miedo de emprender una existencia auténtica, pero cuando una entre ellas encuentra el valor de vivir su auténtico propósito, no solamente libera a sí misma de los condicionamientos limitantes, sino que libera también a todas las demás ovejas. Ejemplos perfectos son Mahatma Gandhi y Nelson Mandela. Así que debes encontrar el valor de vivir una existencia auténtica, según tus propias inclinaciones intelectuales, emocionales, espirituales, también para hacer de este mundo un lugar mejor.

Qué sería del mundo si alguien no hubiese puesto en discusión las absurdas verdades según las cuales las mujeres o los negros no tenían los mismos derechos que los hombres y los blancos? Esa es historia reciente.

Ahora piensa en tu vida. El hecho de que muchas personas en tu entorno te hayan dicho que no vales, que no eres bueno, que dejes de seguir tus locuras, que eres estúpido, significa que eso sea verdad? La respuesta es no.

De la misma forma en que ha resultado falso que la tierra fuese plana u otras absurdas verdades, que en pasado dominaban y condicionaban la entera sociedad.

EL SECRETO DE LA FELICIDAD

Conozco a personas que lo tienen todo pero se sienten sin felicidad o creen que su vida sea vacía y sin significado. ¿Te suena un concepto familiar? Luego, hay otras personas que a pesar de las dificultades y de los sacrificios, se sienten alegres y llenos de vida. ¿Cómo es posible?

Lo que te voy a decir ha cambiado mi vida por completo y me ha transformado de ser un chico triste, enfadado, rencoroso, pobre, marginal y sin futuro en un hombre alegre, positivo, optimista, emprendedor, exitoso y muy amado.

TUS PENSAMIENTOS CREAN TU REALIDAD

El secreto de la felicidad reside en la calidad de tus pensamientos. Tu mente está constantemente procesando las informaciones captadas por tus sentidos y los filtra y organiza según las instrucciones contenidas en tu sistema de valores y creencias. Es un proceso constante del cual ni te das cuenta, que pero determina la calidad de tu vida. Tu mente ve, escucha y absorbe exclusivamente las informaciones coherentes con la programación de tu sistema de valores, creencias y convicciones.

Puedes imaginarte ese sistema como el conjunto de ideas, principios y creencias que gobiernan tu comprensión del mundo. Es el mapa mental que utilizas para comprender y percibir el territorio que te rodea.

En pocas palabras, tu sistema de creencias funciona como unas "gafas" de color que te hacen percibir el mundo a través de ese determinado color. Imagina, por ejemplo, que tu sistema de valores sea programado como unas gafas de color negro-tristeza que están constantemente frente a tus ojos y que sólo te permiten ver el mundo de forma triste y negativa. Si en cambio, tu mente aplica un sistema de valores programado de forma positiva, optimista, alegre, sería como vestir unas gafas de luz-alegría que sólo te permiten ver y percibir el lado positivo, alegre y feliz del mismo mundo exterior. El mundo habrá sido el mismo, sólo que tu percepción de este será totalmente distinta.

Tú tienes el inmenso poder de decidir lo que quieres ver y percibir. Está en tu poder decidir si agobiarte con noticias deprimentes acerca de la crisis económica, o si enfocarte en las nuevas oportunidades de negocio que existen a nivel internacional.

Es tu decisión si seguir criticando todo lo que haces, diciéndote que nunca eres lo suficiente bueno o si en cambio empezar a enfocarte en tu crecimiento personal, en adquirir nuevas habilidades y premiarte por tu empeño y dedicación. Tú decides si quejarte por lo que todavía no sabes hacer o si ver una divertida y emocionante oportunidad de aprendizaje.

ELIGE LA CALIDAD DE TUS PENSAMIENTOS

Probablemente, nadie te ha comentado que en cambio de ser víctima de un sistema de creencias implantadas por otros durante la primera parte de tu vida, tú puedes activamente elegir el color y la calidad de tus gafas mentales a través de las cuales ver el mundo. Esta es una maravillosa noticia, porque adueñándote de tu mente y eligiendo libremente la calidad de tus pensamientos podrás transformar tu existencia y modificar completamente la forma en que percibes tu mundo exterior. ¿Por qué es tan importante? Porque la calidad de tus pensamientos determina la calidad de tus emociones. ¿No me crees? Entonces hagamos un experimento.

Imagínate caminando dentro del Coliseo en Roma, iluminado por un sol brillante y rodeado de amigos sonrientes. Qué emoción te ha surgido al pensar en esta idea? Positiva, verdad? Ahora, imagínate caminar en un barrio marginal donde la gente está en guerra, sufriendo hambre y dolor. Te ha surgido una emoción negativa, verdad? Esta relación automática e instantánea entre pensamientos y emociones acontece constantemente y no sólo determina tu felicidad, sino que también determina tus decisiones y las metas que podrás o no alcanzar. ¿Cómo? Los pensamientos que tienes acerca de ti y del mundo, juntos a las emociones por ellos generadas, representan el mapa y la brújula que utilizarás a diario para tomar decisiones sobre tu presente y tu futuro.

Si, por ejemplo, piensas que eres un inútil, que tus sueños son de locos y que jamás podrás realizarlos, entonces las emociones negativas generadas por estos pensamientos te harán sentir una persona sin esperanza, sin futuro, sin poder y sin capacidad Todo este conjunto de emociones negativas afectará, de consecuencia, la manera en la cual tomarás decisiones importantes a lo largo de tu existencia.

La consecuencia más obvia es que ni siquiera intentarás realizar tus sueños y acabarás conformándote con una vida triste y apagada, propia de alguien sin futuro, sin esperanza y sin poder. De hecho, tú, tu existencia y el mundo a tu alrededor se transformarán exactamente en la representación exterior de tus creencias, pensamientos, emociones y decisiones. En pocas palabras, te conviertes en lo que crees ser y el mundo se convierte en lo que crees merecer. Otra forma de decirlo puede ser: "La calidad de tus creencias, pensamientos y emociones genera la calidad de tus acciones y por consecuencia de tu vida".

IDENTIFICA TU SISTEMA DE CREENCIAS

Para poder activamente modificar, controlar tus creencias y mejorar la calidad de tus pensamientos, necesitas antes investigar las motivaciones, conscientes o inconscientes, que te han llevado en algún momento de tu pasado a aceptar las falsas creencias limitantes sobre ti mismo o sobre el mundo.

Por ejemplo, muchos de mis clientes que sufren de baja autoestima han sufrido, durante la infancia o adolescencia, críticas constantes y negativas por parte de sus familiares. Por ejemplo, una madre muy rígida, controladora y crítica, tal vez porque está frustrada por su infeliz existencia, muy a menudo induce su hija a creer que ella no es capaz y que, sin importar los esfuerzos, jamás será lo suficientemente buena en algo para la madre. Esto genera en la hija, una constante emoción de ansiedad, de incapacidad y de baja autoestima que la condicionará por el resto de su vida. Probablemente pasará toda su vida intentando agradar a los demás sin nunca sentirse realmente feliz y satisfecha por la simple razón que no se habrá permitido ser la auténtica sí misma.

Esto acontece porque durante nuestra infancia y adolescencia somos mentalmente débiles y nuestros padres son inmensamente importantes y poderosos. Por esto, nos creemos todo lo que nos digan. Lo peor, en el ejemplo anterior, es que la hija intentará hacer lo que sea para ganarse un poco de amor de su madre, pero este intento no tendrá éxito ya que jamás se sentirá suficientemente capaz según las expectativas absurdas de su madre. Esto creará en la mente de la hija la creencia negativa que ella no merece ser feliz, que no merece ser amada y que seguirá incapaz por el resto de su vida. La situación es realmente paradójica y muy dolorosa, ya que en realidad la única incapaz de esta historia es la madre, que con con sus errores y sus fallas está destrozando la vida psicológica y emocional de su hija. Sin motivación y sin derecho. La buena noticia para la hija es que toda esa cantidad de mentiras y creencias limitantes son una simple ilusión absorbida en alguna parte su cerebro. Esos infelices programas y estas absurdas e injustas condiciones pueden ser superadas y sustituidas por otras más útiles, positivas, felices y optimistas.

Escucha el Audio para Mejorar Tu Autoestima:
(AUDIO: http://www.youtube.com/watch?v=xd9WgT8BfDw)

EJERCICIO - Intenta identificar el momento en que has aceptado e integrado creencias limitantes sobre ti o el mundo. ¿Qué pasó? ¿Cuando pasó? ¿Quien te convenció? Ahora intenta revivir la situación, imaginando que ya eres adulto y con superpoderes. ¿Puedes ver como esta gente no tenía razón? ¿Puedes notar la injusticia que se ha cometido contra esa pequeña e indefensa tú? Sin importar lo que te hayan podido decir, te aseguro que no fue tu culpa, porque los niños no tienen culpa. Sólo existen padres incapaces. Una vez identificado el origen de la creencia limitante y la "absurda mentira" tras esa convicción, toda esa ilusión negativa sobre ti misma y el mundo pierde fuerza y es el momento de derribar este castillo de mentiras una vez por todas. Así que empieza a visualizar todos los momentos de tu vida en los que te has sentido feliz y absorbe esta sensación de alegría y positivismo. Absolutamente todos tenemos momentos positivos y alegres, por pequeños o breves que sean. Visualiza todos los momentos en que has hecho algo importante o de bueno para ti y celebralos con una larga sonrisa. Mírate al espejo y empieza a escuchar la parte más profunda y auténtica de ti mismo diciéndote "te amo, yo creo en ti, eres un ser único, tú vas a realizar todos tus sueños, tú mereces ser feliz". Transforma estos ejercicios en rituales diarios y verás que en 30 días tu cerebro reorganizará sus conexiones neuronales, basándose en mejores creencias, en pensamientos más positivos y en emociones más alegres.

CÓMO VIVIR FELIZ Y MOTIVADO

Muchas personas, asombradas por mi entusiasmo, me preguntan cuál es el secreto de mi alegría contagiosa.

En este capítulo voy a desvelar todas las técnicas secretas que utilizo para mantenerme feliz, alegre, entusiasta, curioso, positivo, optimista y sonriente, sin importar las dificultades que se crucen en mi camino.

ACTITUD POSITIVA Y OPTIMISTA

Tenía pocos años de vida, cuando tuve que decidir si dejarme aplastar y deprimir por las cosas feas que me pasaban o buscar mi felicidad, intentando sacar mi mejor sonrisa para enfrentar las dificultades. Más que una decisión filosófica, en aquel período fue para mí una estrategia de vida muy eficaz para superar más fácilmente los obstáculos grandes y pequeños que se me presentaban. He de decir que cuando estás solo, sin ayuda y con problemas, no puedes permitirte el lujo de deprimirte o de simplemente quejarte, porque el instinto de preservación se activa reconociendo que el problema no se solucionará solo, más bien empeorará. Tardé unos años en comprender que una sana actitud positiva y alegre me permitirían dominar y superar más fácilmente y rápidamente mis problemas.

Cuando decides, de una vez por todas, que sin importar la gravedad del problema deseas ver el mundo a través de unas gafas positivas, alegres, optimistas, luminosas, es como si te liberaras del miedo de vivir y pudieras dominar, aguantar, solucionar o superar cualquier reto o adversidad.

Cuando comprendes que puedes dirigir tu atención mental hacia pensamientos positivos y placenteros, cuando simplemente te entrenas para ver siempre el lado positivo de todas las cosas, entonces estás decidiendo vibrar positivamente y vivir emociones positivas, pase lo que pase.

EVITAR EL SUFRIMIENTO

Una de las razones por las cuales la gente sufre es la sensación de impotencia antes los problemas. Déjame decir que esta es una simple ilusión, porque tienes siempre la posibilidad de elegir, por lo menos, la forma con la cual vas a percibir tu problema. Desde que visto mis gafas positivas tengo superpoderes tales como la capacidad de re-dimensionar la gravedad de los problemas, la sensación placentera de poder superar cualquier situación, la fe en el futuro, la capacidad de imaginar nuevas y originales soluciones al problema.

A veces el dolor no se puede evitar, y de hecho no pude evitarlo, pero evitar el sufrimiento es más que posible, ya que el sufrimiento es una decisión que tomas al momento de elegir la calidad de tus pensamientos y por ende de tus emociones. Así que sufrir es opcional, ya que es un producto de nuestra mente y nosotros podemos controlar nuestro universo existencial haciendo ecología mental. La metáfora más simple para evidenciar el innecesario masoquismo al cual muchas personas se someten es la visión del telenoticiero.

Decía Feuerbach que: "el hombre es lo que come" y estoy de acuerdo con esta afirmación. Si todo el día, de todos los días, dejas que tu mente sea bombardeada por noticias horribles, tristes, deprimentes y crueles, no debería sorprenderte si te sientes triste, deprimido o negativo. Todo lo que entra en tu mente, crea tu mundo interior. Así, que si quieres vivir una vida más alegre, sólo dirige tu atención hacia eventos positivos y alegres. Ahora te hago una pregunta: por cual razón en los noticieros pasan siempre y sólo noticias de guerra, maldad, sangre, muerte, criminalidad? Es que nunca acontecen eventos que hablen de amor, de respeto, de paz, de solidaridad, de superación?

Si quieres mi humilde consejo, apaga la televisión y empieza a leer libros que te eduquen en el sector que tanto te interesa. Si he logrado ser la persona que soy, lo debo en gran parte a la calidad y la cantidad de libros con los cuales he podido expandir mi mente. Hoy en día, puedes educarte también utilizando cursos audiovisuales que se encuentran gratuitamente en Internet. Lo importante es comenzar el viaje.

SUPERAR CUALQUIER ADVERSIDAD

Una sana actitud positiva puede ayudarnos a superar cualquier obstáculo, ya que nos permite reaccionar de forma positiva y optimista y enfrentar adversidades que para otros significarían la muerte. Para demostrar la efectividad de esta afirmación, utilizaré un ejemplo concreto.

Stephen Hawking ha logrado convertirse en el físico teórico, cosmólogo y divulgador científico más reconocido del mundo, a pesar de estar completamente paralizado de pies a cabeza por una enfermedad degenerativa, que no le permite ni siquiera hablar.

Cuando los doctores, tras descubrir la causa del deterioro de su salud, le diagnosticaron tres meses de vida, cualquiera se habría abandonado a la espera de la muerte. Hawking, en cambio, no se resignó a vivir como un inválido y decidió dedicarse a su pasión para la física teórica.

En cambio de auto compadecerse por su horrible invalidez física, decidió enfocarse positivamente en la pasión y el amor por la física teórica. Su inmenso valor y su optimismo le han permitido convertirse en un pilar de la física moderna, enseñar en varias universidades, casarse y ser padre, además de viajar por el mundo dictando conferencias.

A pesar de que únicamente puede mover los ojos y escasamente los dedos de una de sus manos, ha escrito varios libros. Sus publicaciones han vendido millones de copias alrededor del mundo.

Stephen Hawking decidió que su voluntad y su poder eran mayores que las circunstancias, por adversas e insuperables que éstas parecieran. ¿Y tú? ¿Qué decides?

(VÍDEO: http://www.youtube.com/watch?v=u1nqZthW_tg)

EL MUNDO ES MARAVILLOSO

El mundo es un lugar lleno de acontecimientos hermosos, dulces, entusiasmantes y emocionantes, así como positivos, alegres, divertidos, sensuales. También acontecen cosas malas, terribles y atroces. Pero tú y yo tenemos el inmenso poder de dirigir nuestra atención exclusivamente hacia los eventos positivos, alegres, felices, llenos de amor, paz y satisfacción.

ENFOQUE MENTAL

En cualquier momento nuestro cerebro se enfrenta alrededor de 8 millones de bits de información externa y para no volverse loco utiliza un filtro de atención llamado "sistema de activación reticular". Esta parte del cerebro actúa como filtro y sólo nos permite "ver" o "notar" exclusivamente las informaciones coherentes con nuestro "enfoque mental".

El enfoque mental es el conjunto de pensamientos que guía nuestra atención y en base al cual buscamos informaciones en el mundo exterior. Para utilizar una simple metáfora, podemos imaginar el "SAR" como al buscador de Google y el enfoque mental como las palabras claves. Cuando introducimos una palabra clave en el buscador de Google, le estamos ordenando que nos busque las informaciones más relacionadas y coherentes con nuestras palabras claves.

De la misma forma, cuando tu enfoque mental está programado con pensamientos críticos y negativos sobre ti mismo, por ejemplo, tú SAR buscará y encontrará exclusivamente eventos externos que confirmen esos pensamientos, y sólo te permitirá notar personas que te miran mal, sólo oirás los comentarios críticos, sólo te fijas en las acciones negativas. No importa que estés rodeado de gente que te dice cosas bonitas todo el tiempo, que te mira dulcemente o que te sonríe todo el tiempo, ya que tu atención no te permitirá ver ni notar nada más que los dos o tres pequeños detalles negativos. Esta es pura ciencia. Así que, desde ahora en adelante, selecciona con mucho cuidado la calidad de tus pensamientos, ya que se convertirán en tus palabras claves, ósea en las gafas a través de las cuales estarás filtrando y percibiendo el mundo.

Tal vez, ahora te será más fácil comprender el real valor de la frase: "tus pensamientos crean tu realidad".

LENGUAJE

Cuando te dices o pronuncias frases como "es imposible, esto no va funcionar, soy un inútil", estás programando tu enfoque mental, el cual pasará estas palabras claves a tu sistema de atención reticular, que a su vez buscará y encontrará informaciones y situaciones externas que confirmen esas palabras claves. Por ejemplo, si tus palabras claves son las que acabo de mencionar arriba, sólo te permitirá notar situaciones de fracaso, elementos de riesgo, señales de desaliento y desmoralización.

Tu lenguaje programa tu enfoque mental, el cual encontrará exactamente lo que le has pedido encontrar, osea elementos que confirmen tus ideas o pensamientos. Una persona que piensa de forma negativa, jamás emprenderá el camino para realizar algo en la vida, ya que se sentirá fracasado antes de intentarlo y ahí se quedará.

Si en cambio, empiezas a condicionar y dominar tu lenguaje diciéndote constantemente frases como: "yo puedo, es posible, todo es posible si uno quiere, voy a tener éxito", estarás programando tu enfoque mental de forma útil, positiva y eficaz, y de esta forma tu cerebro comenzará a buscar y encontrar señales de éxitos, oportunidades de desarrollo, elementos de confianza, entusiasmo y fe en ti mismo. Todos estos factores positivos y de renovada fe en tu futuro van a animarte para que sigas con tus proyectos hasta la realización de tus metas. Tener fe y estar ciertos de que, sin importar el cómo, podremos llegar a alcanzar nuestras metas es el factor imprescindible del éxito.

Es por esto que cuido mucho de mi lenguaje y que me digo y digo a los demás frases positivas, inspiradoras y optimistas. Además del aspecto funcional y científico, no entiendo qué sentido pueda tener el decirme cosas feas a mi mismo, considerando que soy la única persona con la cual puedo siempre contar para realizar una vida de felicidad. De hecho, asumo el 100% de la responsabilidad de todo cuanto acontece en mi vida. Y esta es la única forma de garantizar resultados coherentes con lo que realmente deseas en tu existencia. Te animo a hacer lo mismo.

FISIOLOGÍA

Cuando una persona se siente triste, deprimida, negativa, su cuerpo y su rostro asumen la típica postura deprimida, cabeza abajo, espadas encogidas, porque existe una estrecha relación entre mente y cuerpo. Esta postura corporal no te permite reaccionar y enfrentar tus problemas, y comunica a los demás que estás sin energía, inseguro y débil.

Por lo tanto, asumiendo una postura corporal más segura, fuerte y abierta (cabeza alta, espalda bien erguida y pecho afuera), y haciendo una larga sonrisa, podrás modificar y condicionar tu estado psico-emocional. Al comienzo te sentirás incómodo al intentar sonreír cuando dentro te sientes muy mal y sentirás que sólo te salen sonrisas falsas. Pero créeme, es un óptimo ejercicio y en pocos minutos esta nueva postura corporal y esta sonrisa comenzarán a producir efectos muy positivos y te sentirás mejor, seguro y listo para enfrentar la vida y superar los obstáculos que se presenten.

Una postura segura, abierta y presente te ayuda a sentirte capaz de enfrentar el mundo y superar cualquier reto. Además, una sonrisa comunica confianza, seguridad, alegría y hace que los demás quieran relacionarse contigo de una forma más disponible y positiva.

(VÍDEO: http://www.youtube.com/watch?v=YEsU1_QnbZQ)

EJERCICIOS DE FELICIDAD

Estos ejercicios son muy efectivos y los utilizo todos los días para mantenerme alegre, positivo, optimista, feliz y lleno de energía. Te recomiendo seguir con disciplina todos los ejercicios y la prácticas sugeridas, ya que con el tiempo y la constancia aumentan de eficacia y te permiten transformar tu estado mental, emocional y físico para siempre. No te limites a leerlos ya que sólo tienen eficacia si los practicas de forma concreta y diaria.

EJERCICIO 1 - Empieza tu día escuchando una música inspiradora y triunfal que te haga vibrar positivamente. Mientras la escuchas, respira profundamente y cierra los ojos. Intenta visualizar eventos maravillosos y heroicos a medida que la música crece de intensidad. Deja que tu mente libere su potencial y construya para ti una maravillosa historia de éxito y victoria. Imagínate viviendo las emocionantes aventuras que la música te inspira y deja que tu espíritu se llene de emociones positivas, alegres, gratas e inspiradoras. Hazlo 20 minutos al día, todos los días al despertarte.

EJERCICIO 2 - Descarga esa particular música triunfal e inspiradora en tu dispositivo móvil para que puedas escucharla en varios momentos del día para mejorar instantáneamente tu estado anímico todas las veces que lo necesites. De hecho, al repetir el ejercicio anterior todos los días habrás creado una "ancla" emocional (o "conexión" neuronal) de tal fuerza que el simple escuchar la melodía te llenará instantáneamente de emociones positivas, alegres, gratas y victoriosas.

EJERCICIO 3 - Cuando regreses de tu trabajo o cuando tengas tiempo durante el día, puedes modificar instantáneamente tu estado de ánimo poniendo una música enérgica y divertida a todo volumen y empezar a bailar con fuerza y en total libertad mientras te dejas llevar por el poder del ritmo. Pruébalo y ya me dirás si no terminas con una larga sonrisa :) Hazlo 20 minutos al día, todas las tardes o cuando regreses de tu trabajo.

EJERCICIO 4 - Empieza a escuchar una música relajante y respira profundamente con los ojos cerrados. Mientras sigues respirando profundamente, céntrate en el latido de tu corazón e intenta visualizarlo mientras late. Tu corazón siempre está allí para sostenerte y te llena de energía. Ahora, siempre con los ojos cerrados, imagínate poniendo los problemas que te agobian en una maleta y tras haberlos encarcelados en la maleta, respira profundamente, apunta al sol y dispara la maleta contra el sol y mirala mientras la maleta misma se desintegra quemada por el sol y desvanece para siempre.

EJERCICIO 5 - Empieza a escuchar una música inspiradora y triunfal y mientras sigues respirando profundamente, céntrate en el latido de tu corazón e intenta visualizar mientras late. Tu corazón siempre está allí para ti y te llena de energía. Ahora, siempre con los ojos cerrados y respirando profundamente, quiero que imagines a tu héroe favorito (puede ser superman, spiderman, wonder woman, etc...) caminando hacia ti. Tu héroe favorito está frente a ti, te sonríe con cariño y te dice: "yo creo en tu poder, tú y yo somos la misma persona, mis superpoderes ahora son tuyos". Mientras te sonríe se acerca a ti, te abraza y un relámpago de luz hace que su cuerpo se fusione al tuyo de forma que ahora él vive dentro de ti. Tú eres él. Tú eres tu superhéroe favorito. Explora la sensación hermosa de poder y de energía tras la visualización de este prodigio. Deja que tu mente y tu cuerpo se llenen de energía, alegría, emociones, libertad y poder, mientras te imaginas disfrutando de tus nuevos superpoderes. Ahora deja que tu rostro se ilumine en una larga y radiosa sonrisa y haz que tu cuerpo tome una postura abierta, segura y potente.

EJERCICIO 6 - Todas los días y siempre que te veas al espejo, evoca en tu mente las imágenes, las sensaciones y las melodías que utilizas en los ejercicios anteriores. Disfruta de esa instantánea sensación de alegría y poder. En aquel momento, te mirarás al espejo mientras te abres en una sonrisa larga y radiosa y te dirás: "me amo, me quiero, yo valgo mucho, soy un ser humano maravilloso y único, merezco ser feliz, realizaré todos mis sueños".

EJERCICIO 7 - Sonríe, sonríe y sonríe! Haz que tu rostro se abra en una sonrisa larga, sobre todo cuando te sientes triste. Inicialmente te sentirás raro y tu sonrisa será artificial. Pero en unos minutos, la respuesta neuroquímica a la postura sonriente de los músculos de tu cara, hará que te sientas más alegre y positivo y que tu sonrisa se vea más auténtica y sincera. Tu sonrisa, además, puede ser contagiosa y ayudar a los demás a sentirse y actuar mejor.

EJERCICIO 8 - Vigila y domina tu enfoque mental y dirige tu atención hacia eventos y pensamientos positivos, alegres, divertidos, gratos, emocionantes y luminosos. Ayúdate rodeando a tus sentidos de melodías alegres, imágenes maravillosas, perfumes agradables y construye un espacio feliz y luminoso en tu mente que puedas utilizar siempre y cuando lo necesites. Visualízate viviendo tus sueños como si ya estuviesen a tu alcance.

EJERCICIO 9 - Vigila tu cuerpo y haz que asuma una postura presente, fuerte, valiente, abierta y capaz de superar cualquier obstáculo. Levanta la cabeza, alinea tu columna vertebral, pon tus espaldas atrás. Una postura "optimista" y segura te ayuda a mejorar radicalmente tu capacidad de enfrentar los retos, grandes y pequeños, de tu día.

EJERCICIO 10 - Mens sana in corpore sano. Una de las formas más rápidas y exitosas para mantenerte enérgico, activo, sano, alegre y optimista es hacer deporte y actividad física con regularidad. Los beneficios de una regular actividad física son increíbles tanto a nivel físico, como a nivel psico-emocional. Entre los tantos beneficios mejora la autoestima de la persona, incrementa la capacidad de fuerza de voluntad y de autocontrol, mejora la memoria, estimula la creatividad y la capacidad afectiva, disminuye la ansiedad, el estrés, la agresividad y la depresión. Qué esperas? Vamos a hacer deporte :)

EJERCICIO 11 - Desarrolla activamente tu capacidad de pensar positivamente intentando siempre encontrar el lado positivo de cualquier situación. Debe ser un ejercicio constante para entrenar tu mente a detectar todas las oportunidades positivas que se esconden en cada evento negativo.

EJERCICIO 12 - Rodéate de personas positivas y alegres y libérate de las relaciones tóxicas o disfuncionales. Recuerda que has venido a este mundo para ser feliz y que mereces vivir en un ambiente feliz, alegre, positivo y libre de abusos.

EJERCICIO 13 - Cuida la salud de tu cuerpo ya que no puedes mantenerte alegre y positivo si antes no satisfaces tus necesidades biológicas. Es muy importante empezar el día con un desayuno rico y sano y seguir alimentando bien tu cuerpo al horario indicado. Otro factor sumamente importante es dormir y descansar bien durante la noche. Comer a horario y dormir bien son factores imprescindibles para experimentar un estado físico, psíquico y emocional equilibrado y sano.

EJERCICIO 14 - Genera razones para sentirte orgulloso de ti mismo. Una forma muy eficaz y rápida de empezar el camino hacia una mejor autoestima es dedicarte regularmente al voluntariado. Ayudar a los demás te permitirá descubrir tus capacidades, desarrollar tus talentos, aprender nuevos valores, vivir emociones de amor y sentir que haces la diferencias en este mundo. Las personas a las cuales ayudarás te dejarán una enseñanza mucho mayor de lo que imaginas.

LA SINCERA Y ÚNICA VERDAD ES QUE TÚ PUEDES REALIZAR TUS SUEÑOS DE FELICIDAD.

www.MarcoNisida.com   Coach, Consultor y Autor

TÚ CREAS TU MUNDO

Te habrás dado cuenta que en las páginas anteriores he intentado acostumbrarte a la idea que tú tienes el poder de crear tu mundo. Todo lo que llamamos realidad externa no es nada más que un juego de percepciones que se relacionan entre ellas. Cada uno de nosotros interpreta la misma realidad exterior de forma única y personal. La misma escena se transforma en miles de escenas diferentes en las mentes de miles de personas distintas. Aprender el funcionamiento de este juego de percepciones es fundamental ya que nos abre a nuevas y entusiasmadas oportunidades de felicidad.

REALIDAD O PERCEPCIÓN?

El otro día estaba con un amigo en una fiesta y estábamos mirando a un grupo de chicas muy atractivas. De repente él me dijo "esas chicas son demasiados hermosas, parecen actrices y no van a bailar con nadie. Mejor que nos marchemos". Yo le pregunté de dónde sacaba esa conclusión y él me respondió "todos saben que esa clase de chicas-modelos son muy creídas y que están hartas de que todo el mundo se le acerque".

Reflexioné un instante y le dije "has juzgado a esas pobres chicas sin ni siquiera conocerlas o sin siquiera intentar acercarte a ellas" y añadí "si todos los hombres pensasen lo mismo que tú entonces estas chicas estarían condenadas a la soledad eterna" y me acerqué para hablar con ellas. Al utilizar una forma más creativa y positiva de pensar logré superar mis miedos de ser rechazado y las limitaciones impuestas por las creencias generales y actué de forma propositiva y segura.

El resultado es que pasé toda la noche bailando con esas chicas encantadoras y me sentí muy feliz y ellas al fin me confesaron "no sé qué pasa con nosotras... porque los hombres no se acercan y muchas veces tenemos que bailar entre nosotras". Es increíble!

Mi amigo, utilizando un sistema de creencias negativas sobre sí mismo y el mundo, había interpretado y percibido la realidad exterior de una forma opuesta a lo que en realidad estaba aconteciendo. Espero que este ejemplo les permita comprender como la calidad de nuestras creencias y de nuestros pensamientos puede condicionar nuestras acciones y nuestra felicidad.

(VÍDEO: http://www.youtube.com/watch?v=BpzJFhFUAdQ)

LEY DE LA ATRACCIÓN

Tus pensamientos no solamente condicionan tu forma de percibir el mundo, también condicionan la manera en la cual los demás te perciben. Si piensas que eres un inútil y te sientes inseguro, de consecuencia no solamente percibirás un mundo más hostil de lo que es realmente, sino que también proyectarás tu inseguridad y la gente te percibirá como una persona insegura. Es por esto que suelo afirmar con total seguridad que "tus pensamientos crean tu realidad".

Si te concentras en pensamientos negativos atraerás más cosas negativas y de igual forma si te concentras en pensamientos positivos atraerás más eventos positivos. Muy fácil verdad? Esta es la que llamamos ley de la atracción.

Cuando decides creer que no vales mucho, tus pensamientos programan tu enfoque mental para que puedas notar eventos que confirmen que no vales mucho. Al mismo tiempo, tus emociones y tu postura corporal proyectarán al exterior tus creencias que no vales mucho, así que las personas alrededor percibirán exactamente esa sensación, osea que no vales mucho. Te das cuenta de que pasaría si eligieras mejor tu creencias? Este mecanismo funciona de la misma forma con cualquier cosa en la cual tú decidas creer. Es por esto que las personas que deciden creer que valen mucho, hacen que los demás perciban este mismo valor.

Recuerda también que la gente se conforma con la opinión que tienes de ti mismo, así que si no piensas cosas buenas de ti, por qué debería hacerlo un desconocido? La gente aprende las cosas de ti en la forma en la cual tú se las enseñas. Es decir, la gente percibe exactamente la visión de ti que tú mismo proyectas y comunicas. Tienes que aprender a valorarte, y comunicar eficazmente el valor de tu persona a los demás. Que tú digas "soy inteligente" o "soy tonto", la gente te creerá en los dos casos. Por lo tanto es preferible que comiences a construir una mejor imagen mental de ti mismo, para que también los demás puedan percibirla.

DESCUBRE TU VERDADERA ESENCIA

Puede que durante un cierto periodo de tu vida hayas tenido que actuar un rol para sobrevivir o hayas desarrollado una determinada personalidad para aguantar experiencias dolorosas. La parte más difícil de nuestra investigación y de nuestro crecimiento personal es comprender que no somos esa personalidad, el rol ni el papel que hemos tenido que desempeñar durante un tiempo para aguantar condiciones negativas de la vida. Nuestra verdadera esencia es la parte más profunda, importante, sagrada y auténtica que constituye la fibra de nuestro maravilloso ser.

He tardado años en comprender que algunos lados de mi vieja personalidad, que mi mente había desarrollado para defenderme de un entorno hostil y agresivo, no tenían nada a que ver con mi auténtica esencia interior. Ha sido de gran liberación comprender que nosotros, los seres humanos, podemos temporalmente asumir formas o identidades que sólo sirven el propósito de defendernos o protegernos en algunos momentos de nuestra existencia, sobre todo durante la infancia y la adolescencia.

COMPRENDER LOS CONFLICTOS INTERIORES

La buena noticia es que somos seres en constante evolución y que podemos, si lo deseamos, mejorar y crecer de forma más coherente con nuestra verdadera esencia y superar esquemas mentales que ya son anticuados o inútiles.

Cuando, por falta de comprensión, solemos identificarnos con estas "personalidades" desarrolladas durante periodos de crisis, no logramos evolucionar porque nuestro "ego" intenta preservar nuestra supuesta identidad y de esta forma nos impide evolucionar y crecer, lo cual es sumamente importante para cada ser humano.

En algunos casos este conflicto entre "personalidad asumida" y "auténtica esencia" genera una constante lucha de valores y necesidades que puede destrozar la existencia de la persona.

Por ejemplo, un hijo puede asumir una personalidad conformista y sumisa para agradar a sus padres en el intento de obtener su amor y aprobación. Esa "personalidad asumida" durante la infancia o la adolescencia, hace que el hijo se conforme y se someta a todos los deseos de sus padres y viva una existencia que no le pertenece a cambio del amor de ellos. En cuanto crezca, este joven adulto sentirá todo el dolor generado por una constante lucha interior entre su "personalidad asumida", que quiere seguir comprando los sueños de sus padres, y la "esencia auténtica", que en cambio quiere vivir y realizar sus auténticos deseos y verdaderos sueños.

SUPERAR LOS CONFLICTOS INTERIORES

Es bastante obvio que esa "personalidad asumida" está destrozando la autonomía y la felicidad del joven adulto y lo hace esclavo de un cruel cuanto inútil mecanismo de autodestrucción. Es claro que no podrá encontrar la felicidad hasta que no decida liberarse de esa "personalidad anticuada e inútil" para poder finalmente reconocer, aceptar e integrar su verdadera esencia y sus auténticos deseos en su vida diaria de hombre íntegro y autónomo.

La única forma para encontrar la felicidad y la armonía duradera es vivir una existencia auténtica. Cualquier intento de vivir según valores, creencias, deseos o sueños de otros, es una condena segura a la mediocridad y a la infelicidad.

Toma el tiempo de responder algunas preguntas:

- Cual es tu verdadera esencia?
- Tienes "personalidades asumidas" que puedan estar en conflicto con tu verdadera esencia?
- Cuáles son tus auténticos sueños y propósitos?
- Tu actual forma de actuar valora y sostiene tu verdadera esencia y tus auténticos sueños?

LIBÉRATE DEL PASADO

Ahora tenemos los instrumentos intelectuales para afirmar algo muy importante: "la calidad de nuestro pasado no define la calidad de nuestro futuro". De hecho, si en pasado hemos actuado papeles o roles de los cuales no nos sentimos orgullosos, podemos mirar al futuro con renovada esperanza y fe. Nuestra verdadera esencia no tiene nada a que ver con los lados negativos de esas "personalidades asumidas" en el pasado y que podemos modificar en cualquier momento. Por lo tanto, no estás obligado a identificarte con un pasado difícil ni con las decisiones que has tenido que tomar en un pasado crítico u hostil, porque ahora puedes identificarte directamente con tu verdadera y auténtica esencia interior.

En pocas palabras, si en pasado lo has hecho mal no significa que seas una mala persona. Sólo significa que has asumido un rol disfuncional y en contraste con tu verdadera esencia. Ahora puedes finalmente emprender un camino positivo y más coherente con tus verdaderas inclinaciones.

VIVIR SEGÚN NUESTRA VERDADERA Y AUTÉNTICA ESENCIA INTERIOR LIBERA TODO NUESTRO PODER PERSONAL Y NOS PERMITE VOLAR POR ENCIMA DE LA MEDIOCRIDAD, DE LA RUTINA Y DE LA TRISTEZA DEL MECANICISMO.

www.MarcoNisida.com   Coach, Consultor y Autor

(VÍDEO: http://www.youtube.com/watch?v=ocO5sTA5cmA)

LIBÉRATE DE LOS MIEDOS

Cuando vives atrapado en el miedo, tu vibración y tu energía son muy bajas y tus emociones son muy negativas. El miedo es un estado emocional de los más destructivos y de hecho las personas suelen hacer cosas muy feas y equivocadas cuando actúan en base al miedo.

La buena noticia acerca del miedo es que, a la par del sufrimiento, es totalmente opcional y es una mera ilusión fruto de una serie de creencias y pensamientos que condicionan tu estado emocional. Por lo tanto, al cambiar tus pensamientos y tus creencias puedes establecer un estado psico-emocional libre de miedos inútiles e ilógicos.

Al igual que el dolor, el peligro es algo real pero tu forma de reaccionar ante él es totalmente opcional. Está en tu completo control decidir si reaccionar creando un miedo paralizante o si utilizar algo más eficaz y útil como una reacción calma y fría para dominar la situación y evitar el peligro.

En la mayoría de los casos el miedo es algo totalmente ilógico y sin ninguna relación con un peligro real. Por ejemplo, el miedo al fracaso, el miedo al hablar en público u otros miedos sociales, son simplemente fruto de un condicionamiento negativo a nivel mental y emocional.

La cosa peor del miedo es que limita fuertemente las capacidades humanas, ya que al sentir miedo la mayoría de las personas se paralizan y se sienten fracasadas antes de intentar.

Por ejemplo, una persona con mucho miedo al fracaso está constantemente bombardeando su propio estado mental y emocional con pensamientos, emociones y visualizaciones de fracaso, al punto que ni siquiera hace el intento o si se atreve a intentarlo ya ha programado sus acciones de una forma que ciertamente lo llevarán al fracaso.

Recuerda: el niño que tiene miedo de caer, seguirá cayendo porque está concentrando sus esfuerzos mentales y emocionales en la visualización del acto de la caída.

El niño que se siente seguro del éxito, simplemente tendrá éxito porque está concentrando sus esfuerzos mentales y emocionales en la programación del acto del éxito.

Así que, también en este caso, puedes reprogramar tus creencias, elegir mejores pensamientos y de esta forma obtendrás emociones más alegres y resultados mejores.

(VÍDEO: http://www.youtube.com/watch?v=EnwQ51CnGR0)

CONVIERTE TU MENTE EN TU MEJOR AMIGA

La autoestima es un conjunto de creencias, percepciones, pensamientos, evaluaciones, sentimientos y tendencias de comportamiento dirigidas hacia nosotros mismos. En pocas palabras, es la imagen mental que tienes de ti mismo.

Una de las maneras más rápidas de recuperar una maravillosa relación contigo mismo es convertir tu mente en tu mejor amiga. Si empiezas a reflexionar sobre la calidad de tus pensamientos, podrás descubrir que tu mente es constante objeto de una conversación interior. Intenta analizar y escuchar esa voz; ¿qué lenguaje utiliza?, ¿es una voz que habla por cuenta de otros?, ¿te está constantemente criticando, acusando, denigrando, saboteando?. ¿Te dice que no vales, que no puedes, que eres un inútil, que jamás vas a lograrlo?

Esa voz enemiga y disfuncional es el fruto de infelices circunstancias de la vida durante las cuales tu entorno familiar o social te ha llenado de comentarios negativos y destructivos que han sido absorbidos e integrados por una parte de tu mente.

Si has leído con atención los capítulos anteriores, ya sabes que tienes el poder de elegir la calidad de tus creencias, de tus pensamientos y de tus emociones. Por lo tanto, la forma más rápida y eficaz de eliminar esa voz enemiga, que es totalmente disfuncional y que sólo intenta criticar y sabotear tu felicidad, es localizarla y bajarle la voz, utilizando un nuevo lenguaje y un nuevo enfoque mental.

Empieza a desarrollar una nueva voz interior; una voz amiga que te ame, te valore, te soporte, te anime y te ayude en cualquier circunstancia de la vida. Dale la fuerza, la energía, el volumen y la autoridad de dominar tus pensamientos y de mandar a callar la voz negativa y antagonista.

Imagina esa nueva voz amiga como el paladín luminoso que defiende tu felicidad. Utiliza un lenguaje motivador e inspirador. Llena esa voz de frases como: "yo valgo mucho, yo creo en mi potencial, yo puedo, yo voy a lograrlo, todo es posible si lo deseo". Súbele el volumen, dale fuerza y energía mental. Contemporáneamente manda a callar esa voz negativa.

Repitiendo estos ejercicios todos los días, lograrás modificar completamente tu estado mental y emocional, aumentando tu autoestima y mejorando la calidad de tus acciones concretas.

(VÍDEO: http://www.youtube.com/watch?v=jBBCTMwJ7is)

IDENTIFICA TU AUTÉNTICO PROPÓSITO

Ahora quiero que pares todo lo que estás haciendo o pensando. Intenta relajar tu cuerpo y liberar tu mente para obtener mayor claridad interior. Escucha el latido de tu corazón y respira profundamente mientras intentas visualizar tu corazón que late.

Tú has nacido para ser feliz y para realizar una importante misión en tu vida. Existe una razón por la cual estás en este mundo. Eres importante y mereces realizar todos tus sueños.

Para esto, necesitas meditar y responder estas preguntas:

- Por qué haces lo que haces?
- Adonde te están llevando las cosas que haces?
- Cómo te hacen sentir las cosas que estás haciendo?
- Estás haciendo las cosas que te dan más felicidad en tu vida?
- Por cuál razón estás en este mundo?
- Cuáles son las cosas que te hacen más feliz?
- Cuáles son tus auténticos deseos y sueños?

Tómate tu tiempo para reflexionar con claridad y responder estas preguntas de la forma más sincera posible. Recuerda que tú y tu existencia tienen muchísima importancia.

Notas algunas contradicciones entre la vida que llevas y la vida que quisieras llevar? Existe una discrepancia entre lo que estás haciendo y lo que realmente deseas hacer en tu vida? Una de las maneras más rápidas de comprender estas dinámicas es prestarle atención a tus emociones y tus sensaciones. ¿Estás haciendo muchas cosas que te hacen sentir mal? Es hora que empieces a vivir haciendo las cosas que realmente te hacen sentir feliz.

Si estás viviendo una existencia mecánica que no te pertenece o si estás intentando alcanzar sueños de otros, es muy probable que te sientas triste, insatisfecho, aburrido o frustrado. La única forma de vivir una existencia feliz, alegre, armoniosa, satisfactoria y exitosa, es comprender realmente cuáles son tus auténticos propósitos existenciales y emprender un camino emocionante y constante hacia la realización de tus verdaderos sueños.

Vivir una existencia auténtica, liberar tu verdadera esencia y dedicarte a la realización de tu auténtico propósito (deseo o sueño), significa despertarse todos los días con la motivación, la alegría y el entusiasmo de alguien que ama hacer lo que hace, día tras día, durante todo el camino, a pesar de las dificultades. De hecho, no se trata solamente de alcanzar metas o de llegar al destino, más bien es una fantástica oportunidad de amar profundamente cada instante y aprovechar de cada paso a lo largo de este maravilloso camino que es la vida.

EJERCICIO PARA ENCONTRAR TU PROPÓSITO

Relaja nuevamente tu cuerpo y libera tu mente para obtener mayor claridad interior. Escucha el latido de tu corazón y respira profundamente mientras intentas visualizar tu corazón que late.

Cuando sientas de haber encontrado suficiente tranquilidad y claridad, sigue respirando profundamente en tu corazón y deja que la parte más profunda y auténtica de tu ser responda estas preguntas:

- ¿Cuál sería el propósito por el cual te despertarías inspirado, motivado y alegre?
- ¿Cuál significado debería tener tu vida para sentir entusiasmo y felicidad?
- ¿Cuáles son tus auténticos sueños, deseos y pasiones?
- ¿Qué te hace realmente feliz?
- Visualiza e imagina la vida de tus sueños … ¿qué emociones nacen en tu corazón?
- Visualiza e imagina varios propósitos … ¿cuál de ellos te hace llorar de felicidad?

Recuerda que tu auténtica esencia reside en tu corazón y las respuestas que buscas no puedes encontrarlas en la lógica de tu mente. Así que deja fluir tu inspiración y déjate guiar por tus instintos y tus emociones. Cuanto más feliz te haga imaginar o visualizar un posible propósito, tanto más probable es que ese sea tu auténtico propósito en la vida. En particular, si encuentras un posible propósito cuya visualización hace que empieces a llorar de felicidad, entonces sabrás que ese es tu verdadero propósito.

Este ejercicio puede llevar horas, días o el tiempo que sea necesario. Es algo subjetivo y depende de cuanto te hayas alejado de tu verdadera esencia o del tiempo que hayas vivido una existencia mecánica.

En algunos casos, puede que necesites más tiempo para experimentar diferentes actividades, estilos de vida, viajes a países extranjeros, materias de estudio, pasiones, relaciones, para tener mejores términos de comparación entre los cuales elegir.

PLAN DE ACCIÓN PARA REALIZAR TU PROPÓSITO

Una vez identificado tu auténtico propósito en la vida puede que te parezca muy complicado de alcanzar. De hecho, si te encuentras en un periodo muy difícil de tu vida, puede que la realización de tu auténtico propósito te parezca tan complicado como emprender la escalada del monte Everest, la montaña más alta del mundo.

La buena noticia es que a través de la creación de un plan de acción podemos dividir esta inmensa misión en etapas más pequeñas, y estas etapas en pasos aún más pequeños y simples de emprender. La escalada del monte Everest (8848 metros de altura) es una metáfora perfecta. De hecho, el plan de acción nos permite dividir la complicada misión en etapas intermedias, cada una dividida a su vez en pasos simples y manejables.

Afortunadamente, una vez que tengamos la pasión, la motivación, la determinación y la fuerza necesarias para emprender el camino, el plan de acción nos ayudará paso a paso durante todo el camino.

CÓMO CREAR TU PLAN DE ACCIÓN

1. Fija una Meta Específica y Medible
   o En 3 años quiero tener mi propio negocio de consultoría en el sector del online marketing y en 5 años quiero facturar 100.000 US$ anuales

2. Focaliza Etapas Intermedias Específicas y Medibles
   o Año 1 - Aprender estrategias probadas para que mis futuros clientes puedan triplicar su facturado por Internet mientras reducen el costo publicitario. Adquirir experiencia profesional colaborando gratuitamente con expertos.
   o Año 2 - Encontrar 5 clientes altamente rentables para alcanzar los primeros 10.000 US$ mientras sigo trabajando a mi primer trabajo.
   o Año 3 - Registrar la marca. Encontrar y fidelizar 15 clientes altamente rentables para generar 30.000 US$ y dejar mi viejo trabajo.

- o Año 4 - Formación constante. Subir los precios del 30% y mantener unos 25 clientes para generar 65.000 US$.
- o Año 5 - Contratar dos dependientes. Mantener unos 40 clientes para generar 104.000 US$ trabajando menos horas del año anterior.

3. Focaliza Simples Pasos por cada Etapa
   - o 1° Trimestre del 1° Año - Identificación del cliente ideal y estudio de mercado
   - o 2° Trimestre del 1° Año - Formación estratégica y adquisición de experiencia
   - o 3° Trimestre del 1° Año - Búsqueda de colaboración con expertos en el campo
   - o 4° Trimestre del 1° Año - Más experiencia, mejores estrategias y formación
   - o 1° Trimestre del 2° Año - Búsqueda del primer cliente con alto potencial
   - o seguir fragmentando ....

4. Cumple cada paso diario con disciplina

5. Sigue e implementa el plan de acción

6. No pares hasta que consigas alcanzar tu meta

El plan de acción tiene una función estratégica porque permite reducir problemas grandes y complejos en problemas siempre más pequeños, simples y manejables. Avanzar poco a poco pero de forma constante y disciplinada es la clave del éxito. De la misma forma en que no es posible escalar el monte Everest en un sólo día, necesitas unos pasos simples y fácilmente ejecutables día tras día hasta llegar a la realización de tu propósito final.

(VÍDEO: http://www.youtube.com/watch?v=rGSaIa9QCJQ)

VÍDEOS ADICIONALES

Estoy muy feliz de regalarte el acceso completo y gratuito al video curso de motivación y superación personal. Además encontrarás la versión audio/video del presente libro. Espero que sea de tu agrado.

Puedes encontrar todos los vídeos en mi página web: http://marconisida.com/curso-de-superacion-personal/

1. Tú Mereces Ser Feliz

2. Cuáles Son Tus Sueños?

3. Estás Viviendo Tus Sueños?

4. Baja Autoestima y Depresión

5. Todo Es Posible en Tu Vida

CONCLUSIÓN

Espero sinceramente que la lectura de este libro pueda haberte ayudado a emprender un camino alegre, positivo y luminoso hacia la realización de tus sueños de felicidad.

Sobre todo, espero que hayas percibido el sincero cariño y la entregada dedicación con la cual he compartido contigo estas ideas estratégicas que pueden cambiar tu vida para siempre.

Recuerda que creo y confío en ti. Sé que tú vales mucho y sé que eres un ser maravilloso. Tú puedes realizar todos tus sueños y alcanzar todas las metas que te propongas.

Ahora tienes todas las herramientas para crear el mundo en el cual deseas vivir y transformarte en el cambio que deseas ver en tu mundo. Recuerda: "Tus pensamientos crean tu realidad".

Concepto clave: Para sentirte auténticamente feliz es necesario que vivas según tu auténtica esencia interior y que persigas tu auténtico propósito.

Te deseo una vida maravillosa :)

Con cariño y amistad,
Marco Nisida

EL AUTOR

Marco Nisida, nace 32 años atrás en el sur de Italia y pasa su infancia y adolescencia en un entorno cultural e intelectual pobre y degradado.

Para rescatar su existencia y superar los problemas familiares y los obstáculos sociales e intelectuales creados por un ambiente ignorante y agresivo, se ve obligado a desarrollar una gran fuerza interior y un método para transformar su rabia en acciones positivas y proactivas.

A pesar de que durante casi toda su infancia y adolescencia, tuvo que vivir a diario emociones de tristeza, frustración, soledad, rechazo social y abandono, logra desarrollar un sistema interno para transformarse en una persona muy solar, alegre, entusiasta, positiva y optimista. De hecho, es reconocido por su inmensa alegría y contagioso entusiasmo, a pesar de las dificultades.

Su creencia es que absolutamente todos, sin importar las dificultades, podemos superar los obstáculos que la vida nos impone y realizar nuestros sueños de felicidad.

Durante la segunda década de su vida, mientras analiza los condicionamientos externos y aprovecha las enseñanzas ofrecidas por una vida real muy difícil, empieza el estudio constante de múltiples textos de filosofía existencial, psicología, sociología en búsqueda de instrumentos intelectuales y emocionales para salir del dolor existencial en el cual se siente atrapado.

El esfuerzo constante para superar varios obstáculos familiares, sociales y psicológicos, junto al estudio y la análisis crítica del pensamiento de maestros como Schopenhauer, Nietzsche, Heidegger, Freud, Jung, Einstein, Galilei (para citar algunos), le ayuda a desarrollar una fuerte disciplina mental, gran empatía e inteligencia emocional y una actitud muy positiva y optimista, todos elementos que le permitirán superarse y rescatar su existencia de una forma muy vital, entusiasta y feliz.

A la joven edad de 17 años se muda a Turín, en el norte de Italia, para emprender sus estudios universitarios. Esta nueva e improvisa oferta de intercambios culturales, intelectuales, artísticos y emocionales , le permitirá seguir avanzando en el camino hacia su superación individual y profesional.

De aquel momento y durante 15 años, Marco emprenderá muchos viajes enriquecedores alrededor del mundo y seguirá estudiando e implementando las técnicas más eficaces para: superar cualquier obstáculo, alcanzar metas de forma rápida y concreta, transformar pasiones en proyectos rentables, realizar propósitos y sueños para muchos imposibles de alcanzar, mantener una mente positiva y optimista, aumentar la autoestima, solucionar conflictos emocionales, crear planes de acción, obtener rápidamente resultados, ayudar a otros profesionales a posicionarse como expertos en sus propios mercados ideales y vender programas de alto valor.

Con tan sólo 19 años se convierte en "Miembro de la Junta Directiva" del Colegio Universitario Renato

Einaudi y "Representante Estudiantil en el Senado del Politecnico di Torino". Con tan sólo 22 años logra participar como "Protagonista en un Programa Televisivo Nacional" y participar en una "Premiada Película sobre la Inquietud Juvenil". Con tan sólo 26 años crea un método de aprendizaje revolucionario para aprender idiomas sin esfuerzo. El año siguiente empieza su misión más importante, la creación y difusión de programas de formación para la motivación, la autoestima y la superación personal. Actualmente, se dedica a programas de coaching individual y grupal, talleres y seminarios de transformación existencial y conferencias de superación personal en todo el mundo. En el 2014 publica dos libros "Tú Mereces Ser Feliz" y "Consultor Millonario" (amzn.com/B00IEC92K0).

Sus vídeos de formación a distancia han sido visualizados más de 5.000.000 de veces y actualmente más de 100.000 estudiantes están suscritos a sus cursos online.

Si deseas ponerte en contacto con su oficina, puedes utilizar los siguientes canales de comunicación:

Website: www.MarcoNisida.com
Email: support@marconisida.com
FB: https://facebook.com/marconisida

DERECHOS DE AUTOR

37972583R00040

Made in the USA
Lexington, KY
20 December 2014